T0145893

GUIDE DE MALIA
LE QUARTIER MU

ÉCOLE FRANÇAISE D'ATHÈNES

Sites et monuments

© École Française d'Athènes, 1992
ISBN 2-86958-054-1

ÉCOLE FRANÇAISE D'ATHÈNES

SITES ET MONUMENTS VIII

GUIDE DE MALIA

au temps des premiers palais

LE QUARTIER MU

par

Jean-Claude POURSAT

avec la collaboration de

Martin SCHMID,
architecte

ÉCOLE FRANÇAISE D'ATHÈNES
6, rue Didotou, 106 80 ATHÈNES
Dépositaire :
DIFFUSION DE BOCCARD
11, rue de Médicis, 75006 PARIS

1992

Frontispice. — Vue aérienne du Quartier Mu.

INTRODUCTION

Le site minoen de Malia offre aujourd'hui au visiteur les vestiges les mieux préservés de l'époque dite des premiers palais crétois (2000-1700 av. J.-C.). Comme à Cnossos ou à Phaistos, une ville véritable, avec son réseau de rues, ses quartiers de maisons, y succède vers 2000, au début du Minoen Moyen, à une modeste agglomération villageoise du Minoen Ancien ; un premier palais est édifié sur le point le plus élevé du site. Le Quartier Mu, situé à moins de 300 m à l'Ouest du Palais, constitue le plus vaste ensemble jusqu'ici découvert de cette époque (frontispice).

L'époque des premiers palais crétois

Les palais, qui apparaissent en Crète vers 2000 av. J.-C., marquent le début d'un nouveau système politique et économique, le «système palatial», qui se maintiendra en Crète, puis dans la Grèce mycénienne, jusque vers 1200 av. J.-C. Demeure d'un souverain, ces palais possèdent une structure architecturale bien définie, caractérisée notamment par la présence d'une cour centrale rectangulaire. Quatre palais sont connus en Crète : ceux de Cnossos, Malia, Phaistos et Zakros ; chacun d'eux contrôlait une province : le territoire de Malia englobait probablement le haut plateau du Lassithi, le pourtour du golfe de Mirabello et s'étendait peut-être jusqu'à la côte Sud.

Cette période marque en Crète le début d'une civilisation brillante et raffinée. Autour des palais, artisans et artistes produisent des objets de luxe pour l'élite au pouvoir ; c'est l'époque de la céramique de Camarès, du développement des objets de métal, de l'art des sceaux et des vases de pierre. Les souverains crétois nouent des contacts avec les grandes civilisations voisines : des vases crétois sont exportés en Égypte, des tablettes orientales signalent des marchands crétois à Ugarit (Ras Shamra) sur la côte syrienne. Rendue nécessaire par le développement de l'économie et

des échanges, l'écriture fait son apparition : l'écriture hiéroglyphique*
crétoise (qui coexiste, sur certains sites, avec l'écriture dite linéaire A*)
permet de tenir comptes et inventaires. Les villes s'agrandissent, et de
grands programmes de construction prennent place vers 1900 (au début
du Minoen Moyen I B) puis vers 1800 (au début du Minoen Moyen II).

Tableau chronologique

2000	Minoen Ancien	Période prépalatiale *Construction du palais*
1900	Minoen Moyen I ⟨ A B	Période des premiers palais
1800	Minoen Moyen II	*Construction du Quartier Mu*
1700		*Destruction générale*

Vers 1700, les premiers palais sont détruits, ainsi que les villes qui les
entourent, soit par des séismes, fréquents dans cette partie de la Méditer-
ranée, soit par des actions guerrières résultant de leurs rivalités. C'est la
fin de la période dite « protopalatiale* ».

Malia au temps des premiers palais

Le déplacement partiel des quartiers d'habitation lors de la reconstruction du début de la période suivante — l'époque des « seconds palais »
(1700-1450 environ) — et l'absence presque totale de constructions posté-
rieures à l'époque minoenne sur le site expliquent l'excellente conservation, à Malia, de quelques ensembles de bâtiments protopalatiaux*. Plusieurs secteurs de la ville ont ainsi pu être explorés depuis 1920 par les
archéologues de l'École Française d'Athènes, qui succédèrent alors à l'ar-
chéologue grec J. Hazzidakis, auteur, dès 1915, des premières recherches
sur l'emplacement du palais. Certains ont été remblayés après la fouille et
ne sont plus visibles, comme la Villa Alpha, le Quartier Gamma, la Maison Thêta, le Sanctuaire MM II ; d'autres sont aujourd'hui accessibles au
public, comme la Crypte Hypostyle et l'Agora, la nécropole de Chrysolakkos, et, en dernier lieu, le Quartier Mu. Ils permettent d'esquisser l'image

* Les astérisques signalent les termes expliqués dans le lexique à la fin du guide
(p. 56).

de ce qu'était la ville minoenne dans les premiers siècles du second millénaire (plan **).

La ville minoenne de Malia (le nom antique du site reste inconnu) s'est développée sur une terrasse peu élevée, bordée au Nord-Ouest par les falaises rocheuses du bord de mer, vers l'Est par une zone d'affleurements calcaires, au Sud-Ouest par une dépression qui aboutit à la plage actuelle, là où se trouvait vraisemblablement l'emplacement d'un port. Le palais occupait la partie dominante du site, à 15 m d'altitude. De la plage jusqu'à la région du palais, une ligne de constructions occupait le flanc de cette terrasse ; au Nord et à l'Est, d'épais alignements de pierres (dont ne subsistent que quelques parties mal conservées) semblent correspondre aux limites de la ville protopalatiale *. Au Sud du palais, d'autres maisons d'habitation couvraient les pentes de la butte rocheuse du Quartier Epsilon ; une zone d'habitations clairsemées, séparée de l'agglomération urbaine, occupait sans doute, au Nord-Est, le pourtour de la petite crique d'Haghia Varvara. Au Sud du site, sur le sommet de la colline de Saint-Élie, devait exister, dès cette période, un petit sanctuaire. Les nécropoles (Chrysolakkos, «charniers», îlot du Christ), s'étendaient quant à elles le long du bord de mer.

Le Quartier Mu

Le Quartier Mu — les différents secteurs de la ville minoenne ont été désignés par une lettre de l'alphabet grec — a été fouillé à partir de 1965, et son exploration n'est pas encore totalement achevée. Dégagé sur plus de 3000 m², c'est l'ensemble le plus important actuellement connu en Crète pour l'époque des premiers palais ; ce n'est pas un quartier ordinaire de maisons d'habitation : c'est en fait, à proximité du Palais, un second centre de gestion administrative. Il se compose, dans l'état actuel des fouilles, de deux grands bâtiments (A et B) entourés de sept constructions de dimensions plus réduites dont cinq ont pu être identifiées comme des maisons d'artisans (Atelier C, Atelier de Sceaux, Atelier de Potier, Atelier de Fondeur, Atelier Sud) ; la fonction exacte des deux autres (Bâtiments D et E) reste incertaine. Édifiées vers le début de la période dite Minoen Moyen II (vers 1800), ces constructions ont été anéanties dans un violent incendie à la fin de cette même époque (vers 1700), en même temps que le palais et que les autres parties de la ville.

L'intérêt de cet ensemble résulte tout d'abord de son état de conservation, meilleur que celui des autres édifices de cette époque déjà fouillés sur le site. Dans les deux principaux bâtiments (A et B), les murs, pour la plupart construits en briques crues ou en argile, ont, en s'effondrant sous l'action de l'incendie, formé une couche de destruction extrêmement compacte et scellé l'ensemble de la ruine ; c'est ce qui a permis de retrouver, en place ou tombé de l'étage, un matériel considérable dont on pourra voir des exemplaires au Musée d'Héraklion : plusieurs centaines de vases d'argile au décor bien conservé, des vases de pierre, des outils et armes de métal, des sceaux, et, surtout, des documents d'archives * (tablettes, scellés d'argile) inscrits en hiéroglyphique * crétois.

C'est en second lieu la nature des bâtiments composant ce quartier qui présente un intérêt exceptionnel. Les deux bâtiments principaux, A et B, de dimensions inhabituelles (840 et 540 m²), sont les seuls à avoir fourni en Crète, en dehors des palais de Cnossos et de Malia, des documents inscrits en écriture hiéroglyphique * : ce sont probablement des bâtiments officiels, demeures de hauts personnages qui devaient disposer d'une certaine autonomie par rapport au pouvoir central. Leur architecture innove à maints égards, et donne sans doute la meilleure idée de ce que pouvait être celle des premiers palais ; cours à portiques * dallés, colonnes * et piliers *, pièces à larges baies, puits * de lumière, salle lustrale * souterraine et batteries de magasins * fournissent les premiers exemples de formes caractéristiques de l'architecture minoenne de l'époque suivante. Les maisons d'artisans qui entourent ces édifices présentent quant à elles un témoignage unique sur l'activité et les conditions de vie des artisans minoens de cette période.

La protection des vestiges

Les murs de briques ou d'argile et les enduits colorés («stucs» *) qui les recouvraient, ainsi que les sols des pièces, sont extrêmement fragiles ; les briques des murs n'ont été que partiellement cuites lors de l'incendie final du Quartier Mu, et se désagrégeraient rapidement sous l'effet de la pluie ; les stucs * adhèrent mal sur les parois, se fissurent et s'effritent.

Pour protéger ces vestiges, il fallait soit les remblayer immédiatement après la fouille (ce qui ne permettait pas la poursuite de leur étude et interdisait toute présentation aux visiteurs), soit les abriter sous une couverture, tout en assurant la restauration des parties les plus endommagées.

On a donc, pendant toute la durée de la fouille, utilisé des couvertures provisoires basses, formées de plaques en matière plastique fixées sur une armature métallique légère posée à même la ruine ; elles ont protégé efficacement les vestiges. En même temps, des

Fig. 1. — Le Quartier Mu et son toit protecteur.

travaux de restauration, strictement limités aux parties les plus menacées, ont consisté à consolider les murs et les enduits.

C'est en 1990 seulement qu'a pu être installé un vaste toit permanent (fig. 1), qui autorise la visite des principales parties de cet ensemble tout en assurant leur préservation. Ce toit est constitué d'arcs en bois lamellé collé (matériau résistant à l'air salin) qui s'appuient sur des fondations en béton armé. Ces arcs présentent l'avantage de couvrir de grandes portées sans appuis intermédiaires, ce qui évite l'implantation de supports rapprochés dans les vestiges eux-mêmes. La couverture fixée sur la structure est constituée de plaques translucides en polycarbonate à double paroi.

La surface ainsi protégée est de 2 710 m² au total. Deux grandes structures formées d'arcs de 38 m de portée, décalées en plan comme les bâtiments qu'elles recouvrent, s'étendent au-dessus du Bâtiment A d'une part, des Bâtiments B et D d'autre part. Ces structures sont prolongées par des arcs de plus petites dimensions qui protègent les ateliers du Nord et le Bâtiment E. Elles sont contrebutées au Sud par des arcs, de direction perpendiculaire aux précédents, qui recouvrent les ateliers de la partie Sud. Les volumes ainsi créés ne rappellent évidemment en rien l'architecture minoenne, mais ces structures curvilignes ont été conçues pour s'intégrer dans le paysage et s'harmoniser avec les courbes des montagnes environnantes.

LE QUARTIER MU : VISITE COMMENTÉE

En venant du Palais et de la Crypte Hypostyle (description p. 51), on se rendra, en passant au Nord d'une maison minoenne reconstituée (Maison Delta Alpha), sur le terre-plein qui marque, à l'angle Nord-Est du quartier, le départ du circuit de visite.

Un plan en couleur du quartier, indiquant les différents bâtiments qui le composent, figure en dépliant à la fin du guide. Les pièces sont numérotées par un chiffre romain suivi d'un chiffre arabe (ou d'une lettre pour les emplacements d'escaliers) : par ex. pièce III17, escalier IIA. Les chiffres romains désignent des unités architecturales (en principe l'ensemble des pièces d'un même niveau auxquelles on accédait par une seule et même courette ou vestibule), qui correspondent à une maison ou à un grand secteur d'un des bâtiments principaux (I, II et III : secteurs du Bâtiment A ; IV, V : secteurs du Bâtiment B ; VI : Atelier C ; VII : Bâtiment D ; VIII : Atelier de Potier ; IX : Atelier de Sceaux ; X : Atelier de Fondeur ; XI : Atelier Sud ; XII : Bâtiment E).

Au cours de la visite, il sera fréquemment fait référence aux points cardinaux ; on notera que les arches principales du toit, comme la passerelle suspendue, sont orientées presque exactement Est (côté Palais) — Ouest (côté mer).

Le circuit de visite a été conçu en fonction des impératifs de préservation des vestiges et des possibilités de cheminement : il fait le tour de la partie Nord du quartier, et seule une passerelle suspendue traverse la partie centrale du Bâtiment A, dont elle permet d'avoir une excellente vue. La fragilité des sols interdit un accès direct aux pièces.

LES ATELIERS DU SECTEUR NORD

Les trois maisons, de dimensions modestes, qui ont été dégagées au Nord du Bâtiment A sont des maisons d'artisans ; grâce aux objets découverts, on a pu définir l'activité principale de chacun de ces artisans : au Sud (secteur X) c'était la maison d'un métallurgiste, à l'Ouest (secteur VIII) celle d'un potier, plus au Nord (secteur IX) celle d'un graveur de sceaux. Les artisans y vivaient avec leur famille, à proximité immédiate des grands édifices (Bâtiments A et B) dont ils dépendaient. Dans chaque maison, une des pièces semble avoir été réservée à l'activité artisanale ou au rangement de l'outillage.

D'autres maisons-ateliers analogues étaient situées de l'autre côté du Bâtiment A, au Sud (voir ci-dessous p. 36).

Fig. 2. — Moule de métallurgiste (long. 35 cm).

L'ATELIER DE FONDEUR

On verra d'abord les vestiges très arasés de l'Atelier de Fondeur (secteur X). Il s'agissait d'une maison d'habitation familiale dont une pièce de l'étage (au-dessus de X4) contenait les outils d'un artisan métallurgiste : un grand moule de pierre (fig. 2) pour la fabrication de ciseaux et de pics en bronze y a été découvert, ainsi que des moules fragmentaires pour des doubles haches et divers outils.

Fig. 3. — Ciseau, hache-herminette et double hache en bronze (long. 18,2 ; 16,7 ; 13,7 cm).

La maison comportait, au rez-de-chaussée, un vestibule d'entrée au Nord-Est (X1) et une pièce d'habitation (X2) reliée par un escalier en terre (aujourd'hui disparu) à un petit sous-sol aménagé (X3) comportant à l'Est une haute plate-forme sur laquelle étaient placés un pithos* et un petit pressoir à vin en terre cuite. Les compartiments X4 et X5 étaient de simples réduits en sous-sol pouvant servir de resserre ; on accédait à X4, de l'extérieur, par une entrée basse dont le seuil était marqué par une auge à double cavité (voir ci-dessous p. 43). D'autres pièces d'habitation se trouvaient au niveau supérieur, surmontées de petites terrasses ; le compartiment XB correspond vraisemblablement à l'emplacement d'un escalier. L'angle d'un bâtiment postérieur est venu couper, dans l'angle Sud-Est, les murs des pièces X4 et X5.

Le travail des métaux

Malia était certainement, à l'époque des premiers palais, un des principaux centres minoens pour le travail des métaux, qu'il s'agisse du cuivre et de ses alliages ou de l'orfèvrerie.

Le travail du cuivre et du bronze

De nombreux objets de cuivre ou de bronze, vases et outils, ont été découverts dans le Quartier Mu. Trois grands chaudrons tripodes en cuivre (fig. 27), les plus anciens que l'on connaisse en Crète, ont été trouvés dans l'Atelier C, cachés sous le sol d'un maga-

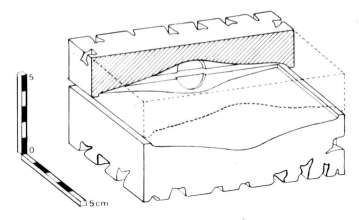

Fig. 4. — Moule pour doubles haches (Palais de Malia ; long. 16,3 cm).

sin * (VI1, ci-dessous p. 36) ; ils sont faits de feuilles de bronze mar-
telées et rivetées, avec des pattes et des anses moulées (Musée
d'Héraklion). Un grand bol à deux anses en cuivre vient du Bâtiment B (IV4).

La technique du moulage était utilisée pour la plupart des outils
et des armes, tels que ciseaux de charpentiers, doubles haches
(fig. 3), pointes de lance, poignards. Les moules, comme ceux que
l'on connaît dès le Bronze Ancien dans d'autres parties du monde
égéen, sont généralement en schiste ; ils peuvent être simples ou
multiples, comme le bloc trouvé dans l'Atelier de Fondeur qui permettait de fabriquer en même temps 3 ciseaux de dimensions différentes sur l'une de ses faces ; pour des objets plus épais, comme les
doubles haches, les moules étaient bivalves : les deux moitiés du
moule étaient liées par des rubans de cuivre, et le métal était coulé
dans la cavité centrale au moyen de creusets en argile. Des moules
de doubles haches analogues à ceux du Quartier Mu, bien conservés,
ont été découverts au Palais, au Nord du quartier III (fig. 4) ; ils
font partie des vestiges d'un autre atelier de fondeur datant de la
période suivante (Minoen Moyen III) ; ils sont exposés au Musée
d'Héraklion. Aucun four de métallurgiste de cette période n'a été
retrouvé en Crète. L'on a toutefois découvert dans le Quartier Mu, à
proximité de l'Atelier de Fondeur et de l'Atelier C, plusieurs
tuyères en argile : ce sont de petits tubes d'argile, insérés dans la
paroi des fours, qui permettaient de souffler l'air vers le foyer, vraisemblablement par l'intermédiaire de tiges de roseaux.

La provenance du métal utilisé reste incertaine. Une grande partie était sans doute importée sous forme de lingots : l'étain d'Orient (les tablettes orientales attestent la présence d'un Crétois venu chercher de l'étain à Ugarit), le cuivre, le plomb et l'argent d'Attique, si l'on en croit de récentes analyses chimiques. Un petit bloc de minerai de plomb (galène) ainsi qu'un morceau de minerai de cuivre ont toutefois été trouvés au Quartier Mu. Les alliages cuivre-étain (bronze) et cuivre-plomb sont utilisés, à côté du cuivre seul, et leur dosage varie selon le type d'objet fabriqué ; les pointes de lance trouvées dans le Quartier Mu possèdent environ 9 % d'étain.

L'orfèvrerie

Les principales pièces d'orfèvrerie de l'époque des premiers palais proviennent de Malia : citons le pendentif aux abeilles de Chrysolakkos (fig. 39), les épées d'apparat du palais (dont celle dite «à l'acrobate»), qui font usage de procédés techniques nouveaux en Crète, comme la granulation *. Le poignard à manche en or ajouré du Quartier Mu (fig. au dos de la couverture) comportait des incrustations, probablement en pierre ou en pâte colorée.

L'ATELIER DE POTIER

Vers l'Ouest, on se trouve face à l'entrée de l'Atelier de Potier voisin (secteur VIII). D'une superficie de 80 m² environ, c'est une des maisons protopalatiales * de Malia les mieux conservées. Les murs de moellons du niveau inférieur sont préservés sur une hauteur de près d'1 m (la partie supérieure était certainement construite en brique crue) ; ils s'appuient en plusieurs endroits directement sur le rocher, dont les blocs irréguliers font saillie au-dessus des sols. Le vestibule VIII1 donnait accès, par l'intermédiaire de 2 ou 3 degrés, au niveau supérieur de la maison : d'une part aux pièces d'habitation de l'étage (au-dessus de VIII3 et VIII4), d'autre part à un local (au-dessus de VIII5) où le potier entreposait vases et outils : deux plateaux de tour de potier (fig. 5), ainsi que des moules en argile pour ornements d'applique (en forme de coquillages notamment) (fig. 6) et une série de grands braseros, ont été retrouvés, tombés dans la pièce VIII5. Seul un escalier intérieur à double volée (VIIIC), dont ne subsistent que les fondations, donnait accès au niveau inférieur. La pièce VIII5, dont le sol stuqué * blanchâtre est encore assez bien préservé, devait servir de pièce de réunion ; elle est pourvue d'une banquette basse dans sa partie Ouest, et elle était flanquée, au Sud, de deux magasins * garnis de jarres, VIII3 et VIII4 ; VIII2 était un simple espace de sous-sol recouvrant le rocher. Les installations extérieures de travail du potier (four, aire de préparation de l'argile) n'ont pas été découvertes.

Fig. 5. — Élément de tour de potier
(diam. 26,2 cm).

Fig. 6. — Moules d'argile
en forme de coquillages (haut. 7,5-7,7 cm).

L'art du potier à l'époque de Camarès

La céramique dite de Camarès — du nom de la grotte située sur le flanc Sud-Est du Mont Ida, non loin de Phaistos — se caractérise par un riche décor polychrome (blanc avec additions de rouge ou orange sur un fond noir) ; elle correspond aux productions les plus fines des ateliers palatiaux. Fréquente à Cnossos et à Phaistos, elle est plus rare à Malia, où quelques beaux exemplaires ont toutefois été découverts au Quartier Mu et au Palais. Une tasse à décor raffiné (Musée d'Héraklion) (fig. 7) provient du Bâtiment B (IV4) ; plusieurs coupes tripodes du Quartier Mu, à décor blanc ou polychrome (fig. 8), fournissent de bons exemples de l'évolution du style de Camarès vers des motifs floraux plus naturalistes à la fin du Minoen Moyen II.

Certaines tasses de Camarès, dites «en coquille d'oeuf», se caractérisent par l'extrême minceur de leur paroi (moins d'1 mm) ; ces progrès techniques, comme le raffinement des formes, sont dus à l'utilisation par les potiers du «tour rapide», c'est-à-dire de tournettes dont le bord épaissi permet, en utilisant la force centrifuge,

Fig. 7. — Tasse
de Camarès
à décor polychrome
(diam. 13 cm).

Fig. 8. — Coupe
tripode à décor
de marguerites
polychromes
(diam. 27 cm).

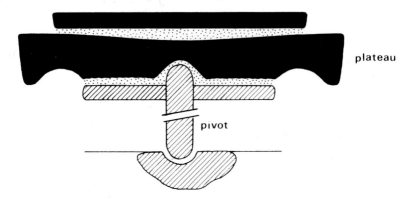

Fig. 9. — Dessin reconstitué d'un tour de potier.

d'obtenir un effet de volant et de maintenir une rotation plus rapide. Un plateau de tour découvert intact dans l'Atelier de Potier (d'autres semblables ont été retrouvés en divers endroits du site) en fournit un bon exemple. Ces disques d'argile d'un diamètre de 25 à 50 cm, sur lesquels le potier tournait ses vases, reposaient vraisemblablement sur un support en bois auquel ils étaient liés par de l'argile ; l'ensemble était monté sur un axe vertical (fig. 9). Une fois tourné, le vase était séparé du disque encore en rotation au moyen d'une ficelle, dont les traces, dessinant sous la base des arcs de cercle plus ou moins incurvés, sont caractéristiques. Dans certains cas, le potier pouvait utiliser, posés sur le plateau, de minces disques de terre cuite, portant un dessin en creux qui laissait sa marque sur le fond du vase ; ces disques étaient retirés en même temps que le vase pour le séchage. Un de ces disques-matrices a été découvert dans le Bâtiment A, ainsi que plusieurs vases portant sur le fond ces marques en relief.

Quelques vases montrent l'alliance d'un décor peint et d'un décor appliqué, produit au moyen de moules d'argile analogues à ceux qui ont été trouvés dans l'Atelier de Potier : il peut s'agir de coquillages ou d'éléments marins divers, mais aussi de motifs plus complexes ; le Quartier Mu a ainsi livré une remarquable série de représentations d'inspiration égyptisante : vases ornés de chats dans un paysage d'arbre, couvercle orné de faucons, sphinx (fig. 14-16), qui témoignent de l'influence exercée par l'art égyptien. L'un des moules de l'atelier représente une corne de chèvre sauvage : de tels moulages pouvaient être des offrandes destinées à un sanctuaire.

L'Atelier de Sceaux

Fig. 10. — Sceaux de l'Atelier.

Le bâtiment qui fait suite à l'Atelier de Potier, au Nord, était la demeure d'un graveur de sceaux. Le passage dallé, bordé d'un caniveau, que l'on suit sur quelques mètres était une impasse qui assurait l'aération et l'éclairage des maisons adjacentes; l'accès de l'Atelier se faisait en réalité par l'Ouest (IX1); l'entrée, aujourd'hui détruite, donnait sur un portique* dallé et stuqué* (selon la technique dite mosaïko*), qui encadrait un minuscule puits* de lumière. De là on gagnait les différentes pièces de la maison : au Sud, une pièce d'habitation (IX3) reliée à un magasin* (IX4) qui contenait 3 jarres; au centre, un vestibule dallé (IX2) qui donnait accès à des placards sous escalier (IX5 et 6) et à un réduit en sous-sol (IX7) contenant deux auges en pierre. Deux escaliers, séparés par le vestibule, menaient aux pièces de l'étage. L'un (IXA), dont les premières marches sont encore conservées, au Sud du vestibule, desservait les pièces d'habitation du niveau supérieur; l'autre (IXB), un escalier coudé partant du vestibule, conduisait à l'atelier proprement dit, au-dessus du sous-sol IX7. Le graveur de sceaux disposait ainsi, à l'étage, d'un espace bien éclairé, isolé du reste de l'habitation, d'environ 3 × 3 m, séparé en deux compartiments par un mur de refend partiel, suffisant pour lui permettre de travailler avec un aide. C'est la répartition des fragments tombés au moment de la destruction finale (sceaux inachevés, chutes de fabrication, outils, blocs de stéatite et de cristal de roche) (fig. 10) qui a permis de localiser très précisément le lieu de travail de l'artisan.

Les sceaux de l'époque protopalatiale *

Plusieurs milliers de sceaux de l'époque des premiers palais ont été retrouvés sur les divers sites crétois. De formes très variées, ils sont le plus souvent en pierre tendre (stéatite, calcite, schiste, serpentine), facile à travailler ; ce n'est que vers la fin de la période que des pierres plus dures (comme l'agate) commencent à être utilisées. Percés d'un trou qui permettait de les porter suspendus à un lien, en bracelet ou en collier, ils pouvaient sans doute servir d'amulettes mais étaient avant tout destinés à imprimer, sur des fragments d'argile crue, la marque personnelle de leur possesseur sous forme de scellés appliqués sur des vases, des portes de magasins *, ou des documents. Des scellés (fig. 34-36) ont été découverts dans les Bâtiments A et B du Quartier Mu, de même que dans le « Dépôt Hiéroglyphique » du Palais de Cnossos, et surtout au Palais de Phaistos, où un ensemble de plus de 3000 exemplaires a été mis au jour en 1957 sous une salle du second palais (salle XXV).

L'Atelier de Sceaux du Quartier Mu est le seul qui ait été fouillé pour cette période et il apporte des renseignements précieux sur les procédés techniques mis en oeuvre, grâce aux pièces ébauchées, cassées en cours de fabrication et aux outils retrouvés sur place. C'était un atelier très spécialisé : sur près de 130 sceaux entiers ou fragmentaires, plus de 100 sont des prismes à trois faces, la plupart en stéatite, la pierre la plus tendre (il s'agit d'une variété de talc) ; les autres formes représentées sont des boutons, des cônes et quelques cachets à prise verticale.

La technique de fabrication était simple. Le bloc de stéatite était d'abord débité à la scie de façon à obtenir la forme approximative du prisme ; les angles étaient alors arrondis et les faces aplanies avec des racloirs et polissoirs. Ensuite, le trou de suspension était ébauché, à chacune des extrémités, puis creusé à l'aide de pointes, vraisemblablement en obsidienne *, montées sur une tige en bois mue par un archet. Le décor était ensuite gravé à l'aide de pointes ou de gouges en obsidienne * ou en métal. Les sceaux recevaient alors un dernier polissage.

Les pierres semi-précieuses, comme l'agate ou le cristal de roche, plus dures, demandaient une technique différente, qui apparaît peu

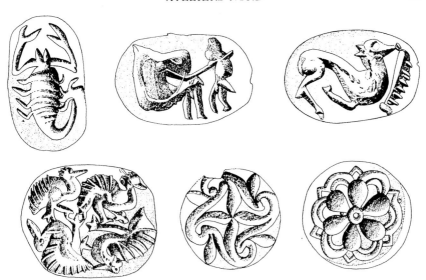

Fig. 11. — Sceaux des Bâtiments A et B (dessins).

avant la fin des premiers palais et n'est attestée que sur quelques exemplaires de l'Atelier de Sceaux. Le trou de suspension est creusé désormais avec un foret tubulaire en cuivre, très certainement utilisé avec un abrasif (émeri) et un lubrifiant (huile) ; le foret tubulaire permet aussi de réaliser des motifs décoratifs nouveaux (cercles ou arcs de cercle réguliers). Son utilisation correspond vraisemblablement à l'utilisation par le graveur d'un tour, analogue à celui du potier, mais avec un axe horizontal mis en rotation par un archet.

Les motifs sont généralement très proches de ceux de la céramique de Camarès ; les empreintes du Palais de Phaistos présentent le plus souvent des entrelacs, des rosettes, des motifs tournoyants, et seulement quelques rares représentations de quadrupèdes, d'êtres fabuleux, de coquillages marins ou de poulpes. Le graveur de sceaux de Malia disposait quant à lui d'un répertoire plus original : les personnages, souvent représentés dans le cadre d'une activité précise (archer, pêcheur, potier), sont fréquents, ainsi que des quadrupèdes, parfois difficilement identifiables ; oiseaux aquatiques, araignées, scorpions, constituent une part importante de ce répertoire (fig. 11).

Certains sceaux, comme les cachets à prise dits *petschaft*, souvent réalisés en pierre dure et même parfois en métal, ou les prismes à quatre faces, qui portent très fréquemment des inscriptions hiéroglyphiques *, étaient vraisemblablement les sceaux de personnages officiels ou de hauts fonctionnaires.

LE BÂTIMENT B

Après avoir fait le tour de l'Atelier de Sceaux et dépassé le gros rocher qui constitue l'angle Nord-Ouest de l'Atelier de Potier, on atteint l'un des deux grands édifices du quartier, le Bâtiment B, qui s'étend sur plus de 500 m² et forme un ensemble architectural complexe ; il a fourni, comme le Bâtiment A, objets d'apparat et documents d'archives *.

L'aile Nord

On longe d'abord la grande salle IV14, contiguë à l'Atelier de Potier. Elle est traversée par un conduit d'évacuation des eaux qui partait de l'Espace Nord et rejoignait, à l'extérieur, un large caniveau bordant la façade Nord du bâtiment ; ce conduit, partiellement comblé par des pierres, n'était plus utilisé au moment de la destruction du bâtiment.

Fig. 12. — Ancres de bateaux (haut. 50 cm env.).

Une découverte originale a été faite dans cette pièce : celle de deux grandes ancres de bateaux en *ammouda* * : il s'agit sans doute d'ancres votives, déposées en cet endroit (peut-être dans la grande niche aménagée dans le mur Est) en l'honneur d'une divinité de la mer selon un usage connu en Orient. Les ancres minoennes se caractérisent par leur forme trapézoïdale à sommet arrondi, avec un trou unique pour l'attache de la corde (fig. 12) ; malgré l'importance du rôle maritime que l'on attribue aux Minoens, les découvertes d'ancres de ce type sont restées jusqu'ici très rares ; aucune d'entre elles n'a été trouvée associée à une épave de navire.

Fig. 13. — Tablette inscrite en hiéroglyphique (long. 8,3 cm).

Les pièces suivantes (IV5-IV7) contenaient de nombreux vases de céramique commune ; au-dessus d'elles se trouvait à l'étage, auquel conduisait l'escalier IVB, une série de magasins* d'où sont tombés, lors de la destruction, des jarres ainsi que des documents inscrits en hiéroglyphique* (fig. 13). Les autres compartiments de l'aile Nord (IV17, IV18, IV8, IV13), que l'on traverse, sont très arasés et seules en subsistent les fondations des murs ; leur fonction reste indéterminée.

Le Bâtiment B s'est appuyé, dans son angle Nord-Ouest, sur un bâtiment rectangulaire, sans relation directe avec lui, le Bâtiment D.

Le Bâtiment D

Légèrement plus vaste que les maisons-ateliers décrites plus haut, cette construction a été très arasée par les travaux de culture et le sol n'en a été bien conservé que dans de petits compartiments stuqués*, séparés par des cloisons de brique (VII3-5), dans son angle Sud-Ouest. Son entrée devait être située au Nord (en VII1) et il comportait un étage, auquel donnait accès un escalier en VIIA.

Le matériel découvert dans ces compartiments comprenait des lots de plusieurs dizaines de poids de tisserand (voir ci-dessous p. 40) et, surtout, de remarquables vases à décor en relief égyptisant (fig. 14, 15, 16) exposés au Musée d'Héraklion, ainsi qu'une grande vasque de lampadaire en pierre, de 46 cm de diamètre, la plus grande connue en Crète. La nature de ce bâtiment reste inconnue.

De la pièce IV13, on découvre les pièces en sous-sol du Bâtiment B qui constituent la principale originalité de cet ensemble.

Fig. 14. — Vase à décor
en relief : chats, arbres,
paysage marin
(haut. 7,4 cm).

Fig. 15. — Applique de vase en relief :
sphinx (long. 9 cm).

Fig. 16. — Couvercle
orné de faucons en relief
(diam. 11 cm).

Le sous-sol du Bâtiment B

Ce sous-sol, de plan rectangulaire, occupe une superficie de presque 100 m². Il a été installé dans une dépression du sol rocheux et soigneusement aménagé ; le rocher naturel a été taillé pour permettre la construction de pièces régulières : il ne reste visible qu'à l'extrémité Ouest de la longue pièce V2, et dans la pièce V5.

Les pièces en sous-sol de ce secteur constituent, comme la Crypte Hypostyle voisine de l'Agora (voir ci-dessous p. 51), une des découvertes les plus remarquables sur le site et sont particulièrement intéressantes pour l'étude de l'architecture minoenne de cette époque. Les murs en sont conservés sur une hauteur de près d'1,90 m, soit à peu près leur hauteur primitive : les emplacements des poutres du plafond sont bien visibles sur les murs Nord et Sud de la grande pièce V2 (la reconstruction partielle du plancher, à l'extrémité Est, utilise ces emplacements) ; ces conditions de préservation permettent d'observer ici des éléments architecturaux habituellement disparus : traces des chaînages * de bois horizontaux ou verticaux qui renforçaient les murs de briques, niches, fenêtres extérieures (pièces V3 et V4) ou intérieure (entre V5 et V6), encadrements de portes.

On accédait à ce sous-sol par un escalier stuqué *, IVA, que l'on peut voir en s'avançant jusqu'à la petite esplanade, traversée par un caniveau sinueux, qui borde l'extrémité Ouest du bâtiment. Depuis le vestibule V1, on pénétrait dans une très longue salle, V2, mesurant près de 9 × 4 m, par une porte dont on a pu reconstituer la hauteur exacte (1,55 m) ; cette salle comporte des aménagements particuliers : une niche pratiquée dans le mur près de l'entrée, et à l'intérieur de laquelle on a retrouvé une pointe de lance, pouvait être destinée à un gardien ; des traces de piliers * de bois subsistaient, au moment de la fouille, près du mur Est de la pièce. La partie Ouest de cette salle servait peut-être de magasin * : on y a découvert deux pithoi * tombés sur le sol, ainsi que des coupes tripodes ornées d'un riche décor peint (fig. 17-18) ; du milieu du mur Sud part un corridor qui dessert deux autres pièces de plan rectangulaire : la première (V3), avec plates-formes basses sur les côtés et vase collecteur * dans un angle, était un magasin * qui contenait au moment de la destruction deux pithoi * ; la seconde (V4), à plates-formes simples de hauteurs différentes, était totalement vide.

L'utilisation systématique de la brique crue pour la construction des murs est particulièrement frappante dans cet ensemble ; seuls les murs extérieurs sont construits de moellons de *sidéropétra* *, comme on peut le voir au Nord

Fig. 17. — Coupe tripode à décor de spirales
et motifs végétaux (diam. 30 cm).

Fig. 18. — Coupe tripode (haut. 24,3 cm).

de la longue salle V2. Dans les murs de briques, les chaînages * de bois qui les renforçaient ont, en se désagrégeant après la destruction, laissé des cavités qui en révèlent l'emplacement : on peut ainsi voir aisément, dans le mur Est des pièces V3 et V4, au-dessous des niches, les creux laissés par une poutre horizontale à mi-hauteur du mur. Les murs comme les sols de ce secteur étaient à l'origine entièrement revêtus d'un enduit («stuc *») de couleur bleue uniforme.

Les petites niches aménagées dans la partie haute de ce même mur pouvaient être destinées principalement à recevoir des lampes. Les ouvertures analogues qui leur font face, dans le mur Ouest de ces pièces, sont quant à elles des soupiraux qui ouvraient, au ras du sol, sur la petite esplanade extérieure.

Après avoir contourné l'angle Sud-Ouest du bâtiment, on longe la façade Sud, et l'on arrive à la branche Ouest d'une voie dallée (analogue à celle qui traverse l'esplanade occidentale du Palais), qui desservait les deux entrées du rez-de-chaussée. Une dalle d'*ammouda* *, encore en place devant le compartiment V5, marque l'emplacement de la première entrée. De là on peut apercevoir la pièce intérieure V6, de plan carré, entièrement vide au moment de sa découverte ; elle est bordée sur deux côtés, à l'Est et au Sud, par un corridor en équerre, V5, servant de magasin * ; une petite niche était aménagée dans son mur Est, tandis qu'au Sud une petite fenêtre carrée communiquait avec le corridor.

Le rez-de-chaussée

La partie du rez-de-chaussée qui recouvrait ces pièces en sous-sol, et à laquelle donnait accès la branche Ouest de la Chaussée Ouest, s'y est entièrement effondrée au moment de la destruction finale, ainsi que l'étage qui devait la surmonter. Seuls les vestiges recueillis fournissent quelques indications sur la nature des pièces des niveaux supérieurs. Un ensemble de figurines en pierre (voir fig. 22) tombées au-dessus du corridor V5, avec des perles de collier en agate, indique la présence d'un trésor de sanctuaire à l'étage du bâtiment ; on a recueilli à ce même endroit un groupe d'une douzaine de vases de Chamaizi *, dont l'un portait une inscription gravée en hiéroglyphique * (fig. 19 ; cf. fig. 20). Un beau poignard de bronze à manche d'or ajouré et incrusté (fig. au dos de la couverture), découvert dans la couche de destruction de la pièce V3, et une collection d'une vingtaine de vases de pierre recueillis en surface de la pièce V6 permettent de restituer ici des salles d'apparat.

Fig. 19. — Vase de Chamaizi
à inscription gravée
(haut. 5,5 cm).

Fig. 20. — Vase de Chamaizi
à inscription peinte
(haut. 5,5 cm).

La vaisselle de pierre

L'art des vases de pierre est apparu en Crète dès le Minoen Ancien, vraisemblablement sous l'influence de l'Égypte. Il sera, jusqu'à la destruction finale des palais minoens, l'un des éléments caractéristiques de l'art crétois ; les grands vases rituels décorés de scènes sculptées en relief, comme le « Triton aux Génies » trouvé près

Fig. 21. — Vases de pierre (haut. 6,2 ; 4,7 ; 7,1 cm).

de l'angle Nord-Est du Palais de Malia (Musée d'Haghios Nikolaos), sont des chefs d'oeuvre de l'époque des seconds palais.

A l'époque des premiers palais, les vases de pierre sont abondants, soit comme objets d'usage courant ou de prestige dans les habitats, soit comme offrandes dans les nécropoles. Le Quartier Mu à lui seul a fourni plus de 300 vases, entiers ou fragmentaires : des bols et des coupes principalement, mais aussi des formes plus complexes telles que cruches ou «théières» et les petits vases dits vases «en nid d'oiseau» caractéristiques de cette période (fig. 21).

Les pierres les plus fréquemment utilisées sont la serpentine, une roche tendre de couleur verte avec des veines vert foncé et des taches de couleur crème, et des calcaires variés ou des brèches ; l'emploi de l'albâtre reste exceptionnel. Si un décor simple en relief demeure très rare à cette époque, l'artiste utilise souvent au mieux les veines et les couleurs naturelles de la pierre ; certains vases en serpentine de la pièce V6, qui ont pris une teinte rouge imitant le porphyre, ont vraisemblablement été chauffés intentionnellement pour cet effet.

La méthode de fabrication des vases a pu être reconstituée dans ses grandes lignes grâce à la découverte de quelques vases inachevés et de chutes de fabrication. A partir du bloc initial, le vase était d'abord dégrossi au marteau et au ciseau ; l'intérieur était ensuite creusé, le plus souvent à l'aide de forets tubulaires de différentes dimensions (peut-être en métal, mais surtout sans doute en tiges de roseaux, comme en Égypte) utilisés, comme pour la fabrication des sceaux, avec un abrasif et un lubrifiant. Des blocs de pierre servant à caler les forets à l'intérieur du vase partiellement évidé, ainsi que des «carottes» de pierre de forme tronconique produites par ces forets, ont été retrouvés sur l'emplacement des ateliers (au Quartier Mu, dans la zone de l'Atelier de Potier et de l'Atelier Sud). Une fois l'intérieur évidé, le façonnage des éléments secondaires (anses, bec) était achevé et l'ensemble du vase faisait l'objet d'un polissage soigneux.

La branche Est de la chaussée dallée, bordée par une petite placette pavée, conduit, à l'angle du Bâtiment A, à une seconde entrée, précédée d'un porche* soutenu par deux colonnes* dont on voit les bases de part et d'autre de la chaussée : ce devait être l'entrée principale du bâtiment. Devant ce porche*, contre le mur du Bâtiment A, une rangée de grosses pierres — dont une pierre à cupules* (très faiblement visibles) à l'extrémité Nord — forme banquette dans un décrochement de la façade. Un vestibule dallé à banquette (IV2) précède un vaste hall stuqué* (IV1), pourvu lui aussi de banquettes à ses deux extrémités ; de là on pouvait gagner les différentes pièces de la partie orientale du rez-de-chaussée, de l'étage et du sous-sol. On a vu précédemment l'aile située au Nord du hall stuqué*, ainsi que la pièce IV14. Au Sud, le vaste espace IV4, divisé en plusieurs compartiments par d'épais murs de refend, présente exactement le même aspect que les soubassements orientaux du secteur III dans le Bâtiment A (ci-dessous p. 43) : murs de moellons et sol irrégulier contrastent là aussi avec l'architecture soignée des autres pièces ; les objets tombés de l'étage, vases de Camarès (voir fig. 7), bol en cuivre, matériel destiné aux ateliers, documents hiéroglyphiques*, indiquent toutefois la présence, au niveau supérieur, d'une réserve d'objets de valeur. Le mur Sud de IV4 s'appuie sur le mur du Bâtiment A, plus ancien, dont il a suivi l'orientation.

LE BÂTIMENT A

C'est le bâtiment le plus important du Quartier Mu. D'une superficie de 840 m², il dessine un trapèze dont les côtés présentent les décrochements* habituels à l'architecture minoenne. L'irrégularité de cette forme s'explique par l'histoire de la construction, qui s'est réalisée en deux phases principales : à un premier édifice rectangulaire de plan très régulier (approximativement la moitié Nord du bâtiment, à gauche de la passerelle en suivant le sens de visite) est venu s'ajouter un nouvel ensemble de pièces qui ont occupé, au Sud, tout l'espace disponible jusqu'à des constructions antérieures, d'orientation légèrement différente (Atelier Sud, Atelier C). Salles d'apparat, magasins* de stockage, dépôts de documents d'archives*, tendent à indiquer que cet édifice jouait un rôle dans le système d'administration du site.

La façade occidentale et l'entrée Ouest

On longe d'abord, en suivant la voie dallée de la Chaussée Ouest, la façade occidentale du bâtiment, qui était, comme dans les palais, la façade principale. Elle présente ici un aspect disparate, dû aux deux phases de construction mentionnées ; de beaux blocs taillés d'*ammouda**, larges de 0,60 m et mesurant jusqu'à 1,00 m de longueur, constituaient à l'origine l'assise inférieure d'une façade monumentale à redans*, que l'adjonction postérieure du sanctuaire I12 et de son antichambre I11 est venue partiellement masquer.

La pièce I12, aux murs très arasés (détruits dans l'angle Sud-Ouest), possède en son centre un foyer rectangulaire à cupule décentrée. Cette pièce, vide au moment de la découverte à l'exception d'une coupe en argile, est vraisemblablement un sanctuaire, du même type que le Sanctuaire MM II, actuellement remblayé, fouillé en 1966 près du Musée Stratigraphique (voir ci-dessous p. 53), qui présentait un foyer similaire. Sur le côté Est, elle communiquait avec la partie Sud de la grande salle I3 par une porte aménagée dans la façade primitive ; au Sud, une double baie la mettait en relation avec l'antichambre I11. Accessible depuis l'antichambre, près de l'entrée, un étroit compartiment (I11a) permettait de ranger la vaisselle utilisée au cours des cérémonies ; une petite table circulaire à offrandes y a été retrouvée.

Les sanctuaires minoens

Il n'existe pas de temples véritables dans la religion minoenne de l'époque des premiers palais, et les édifices ou pièces interprétés comme des sanctuaires se distinguent généralement avec difficulté des pièces à usage profane. Les sanctuaires les mieux attestés à cette période sont les sanctuaires de sommet, situés sur le sommet de collines proches des villes ou villages, là où se dressent encore souvent, aujourd'hui, de petites chapelles blanches ; à Malia, le sommet du Saint-Élie (au Sud du carrefour de la grand-route) était sans doute occupé par un sanctuaire de ce type. Nombreux surtout dans la Crète de l'Est, ce sont des sanctuaires de nature, identifiés en général par des offrandes (figurines animales, humaines, ex-voto anatomiques) et des vestiges de feux sacrificiels, comme à Petsofa près de Palaikastro.

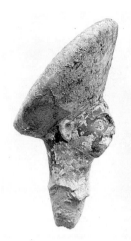

Fig. 22. — Figurine
stylisée en pierre
(haut. 13,8 cm).

Fig. 23. — Tête de figurine en argile (haut. 9,2 cm).

Les sanctuaires construits, soit indépendants (comme le Sanctuaire MM II), soit intégrés à un ensemble architectural (comme la pièce I12) sont rares. Leur structure est très simple : une pièce principale précédée d'un vestibule et reliée à un ou plusieurs magasins *. Les exemples connus semblent tous posséder une table ou foyer rectangulaire à cupule décentrée ; en dehors de vases communs utilisés pour la préparation de repas ou de libations *, le seul matériel spécifique semble consister en petites tables à offrandes circulaires et en supports tubulaires à anses latérales.

Des figurines de types divers, représentant soit une divinité féminine soit des prêtresses, existent. Un ensemble de figurines en pierre très stylisées, différentes toutefois des statuettes cycladiques, a été trouvé en V5, tombé d'une pièce de l'étage (fig. 22) ; d'un type différent, une tête féminine en argile, avec une large coiffe, provient du compartiment III3 (fig. 23). Des éléments symboliques, comme le signe de la double hache, apparaissent sur certains objets.

En poursuivant vers le Sud (la ⸺ e dallée n'est plus conservée à partir de ce point), on rejoint, au pied ⸺ a passerelle, en face de l'entrée principale du bâtiment qui ouvre su⸺ . pièce III15, le large trottoir constitué d'épaisses dalles d'*ammouda* * ⸺i borde toute la partie Sud de la façade.

Avant de s'engager sur la⸺ sserelle pour effectuer la visite du Bâtiment A, on poursuivra jusc⸺ l'angle Sud-Ouest de l'édifice en suivant le trottoir. On longe d'abⸯ⸺ les deux grands magasins * rectangulaires III16 et III17, dont l'⸺ I16) était pourvu de plates-formes latérales avec rigoles et vases ⸺cteurs * (aujourd'hui retirés) pour la récupération des liquides ; pl⸺ l'Est, disposés perpendiculairement, deux autres magasins (III8 et ⸺ ⸺9) communiquent avec les précédents. L'étage devait être lui au⸺ en cet endroit, composé d'un bloc de magasins * de plan identique : ⸺ nombreux pithoi * du niveau supérieur sont venus s'écraser, dans ⸺ iagasin * III8, sur les vases rangés au rez-de-chaussée. Ces magasir⸺ ⸺estinés au stockage de denrées destinées à être distribuées, fa⸺ l'objet d'une surveillance et d'un contrôle ; des scellés (morce⸺ ⸺gile portant des empreintes de sceaux) et une tablette inscri⸺ ⸺oglyphique * crétois ont été découverts dans cette zone, à ⸺ des portes des magasins * III16 et III17. Le magasin * III17 a ⸺ ⸺e découvrir, à côté de fragments de jarres, un lot de plusieurs ⸺es de tasses à boire (fig. 24), soigneusement empilées (vraisembla⸺ ⸺ent dans une caisse en bois), et une très belle coupe tripode à décor ⸺ marguerites polychromes (voir fig. 8).

Fig. 24. — Tasses à boire (haut. 6,3 - 7,3 cm).

Les magasins *

Les « magasins » — ce terme désigne en particulier les celliers ou resserres destinés à la conservation des produits agricoles, grains, huile, vin — sont régulièrement présents dans les constructions minoennes, maisons ordinaires ou palais. Les denrées y étaient entreposées dans des récipients en argile, amphores (fig. 25) et jarres de types variés, pithoi * (fig. 26) qui pouvaient atteindre plus d'1,50 m de hauteur et une capacité de près de 200 litres.

Fig. 25. — Amphore (haut. 38 cm).   Fig. 26. — Pithos à décor
de coulures (haut. 87 cm).

Dans les maisons ordinaires, ces magasins ne sont souvent identifiables que par les vases rangés le long des parois. Dans les palais ou
les grands édifices protopalatiaux* comme ceux du Quartier Mu,
des formes nouvelles apparaissent. D'une part ces magasins sont
souvent regroupés en batteries de 3 ou 4 pièces en enfilade desser-
vies par un corridor, ou en blocs occupant tout un secteur de bâtiment ; d'autre part des aménagements intérieurs particuliers caractérisent la plupart d'entre eux : plates-formes latérales basses,
stuquées* ou dallées, sur lesquels sont disposés les vases, bordées,
dans le cas des magasins d'huile, de rigoles qui aboutissent à des
cavités ou à des vases collecteurs* enfoncés dans le sol ; ils permettaient de récupérer, en cas de débordement ou de bris d'un vase, le
liquide répandu à terre. Le Bâtiment A du Quartier Mu ou les
magasins de la Crypte Hypostyle fournissent pour la période des
premiers palais de bons exemples de ces formes typiquement
minoennes. Les magasins Est du Palais présentent une structure
analogue.

Le nombre de ces magasins et leurs dimensions souvent impor-
tantes indiquent une exploitation agricole active. Les surplus agricoles ainsi stockés permettent d'assurer la subsistance des artisans
spécialisés ou des fonctionnaires des palais, qui reçoivent vraisemblablement, comme en Orient, des rations journalières ou men-
suelles en échange de leur travail. Les magasins correspondent donc
à deux fonctions principales : les uns, comme nos celliers, abritent
les aliments destinés à la consommation immédiate ; ils sont géné-

ralement situés au rez-de-chaussée, à proximité des lieux de préparation et de consommation de la nourriture. Les autres sont destinés au stockage et à la distribution de produits gérés par un
organisme administratif ; entrées et sorties de denrées font l'objet
d'un contrôle précis. Ces magasins peuvent avoir été situés aussi
bien à l'étage qu'au rez-de-chaussée, comme on le constate dans la
partie Sud-Ouest du Bâtiment A ou dans le Bâtiment E.

De l'angle Sud-Ouest du Bâtiment A, on verra les vestiges partiellement conservés de l'Atelier Sud (secteur XI), et l'on apercevra, plus loin,
le mur (en gros blocs d'*ammouda**) de l'Atelier C (secteur VI).

Les ateliers du Sud

Les vestiges qui s'étendent au Sud du Bâtiment A sont fort mal conservés
en raison de l'érosion de cette partie basse du terrain. Il a toutefois été possible d'identifier les deux bâtiments partiellement préservés de ce secteur
comme des maisons d'artisans, semblables à celles de la partie Nord du quartier.

L'Atelier Sud était la demeure d'un artisan dont on n'a pu déterminer avec
certitude la spécialité principale : il est certain qu'il fabriquait des vases de
pierre (on y a retrouvé un exemplaire inachevé), mais sans doute travaillait-il
aussi le métal, peut-être l'os. Les pièces du bâtiment, dont seule la partie
Nord est conservée, s'organisaient autour d'un vestibule (XI1) pavé et stuqué* (mosaïko*) et d'un corridor (XI6) dont le sol stuqué* imitait un dallage
(grands carreaux blancs séparés par des lignes rouges) ; un escalier (XIA) desservait l'étage. La plupart des objets ont été retrouvés tombés dans le soubassement XI4 dont l'entrée était marquée par une auge à double cavité (voir
ci-dessous p. 43) ; c'est au-dessus de ce compartiment que se trouvait, à
l'étage, l'atelier proprement dit. On remarquera que la façade Nord de cette
maison, contre laquelle est venue s'appuyer l'extension Sud du Bâtiment A,
présente des assises régulières de blocs d'*ammouda** taillés.

Le Remblai Sud, qui sépare les deux ateliers, a fourni des pièces de rebut
d'un atelier de taille de l'os.

L'Atelier C était un second atelier de fondeur : bien qu'il ne soit que partiellement fouillé, il a livré un moule de schiste pour la fabrication d'outils de
métal et l'on a retrouvé, dans la courette VI4, des éléments de tuyères de
four. Il comportait notamment une petite salle à banquettes (VI3) et un
magasin* (VI1) qui a donné une découverte intéressante : trois grands vases
tripodes en cuivre (Musée d'Héraklion) (fig. 27), qui avaient été cachés sous le
sol, dans une cavité recouverte par l'une des jarres du magasin*. Cette
cachette suggère l'existence d'une menace (attaque guerrière ?) avant la destruction finale du quartier vers 1700 av. J.-C.

On reviendra au pied de la passerelle, dont l'escalier s'élève exactement
devant l'entrée principale du Bâtiment A.

Fig. 27. — Vases tripodes en cuivre (haut. 27 ; 25 cm).

L'entrée Ouest, large de 1,70 m, était l'entrée principale de l'édifice dans l'état final de celui-ci ; d'aspect monumental, elle était surmontée d'une dalle en pierre stuquée* formant corniche, dont les fragments ont été retrouvés sur le Trottoir Ouest. Elle ouvre sur un vaste vestibule (III15) pourvu de banquettes d'angle, qui donne accès d'une part aux pièces du secteur III (au Sud de la passerelle), d'autre part à l'ensemble du secteur I par l'intermédiaire de l'antichambre du sanctuaire I12 que l'on va découvrir du haut de la passerelle.

Les salles de cérémonies et d'apparat

La partie primitive du Bâtiment A, située au Nord de la passerelle, s'organise autour de pièces de cérémonies et d'apparat : à l'Ouest, la grande salle carrée I3, à l'Est, le polythyron* I13, séparés par la cour à portique* I1.

Dans la partie Ouest, on pénétrait d'abord, depuis l'entrée et le vestibule I11 (situé partiellement sous la passerelle), dans un hall allongé, I10, auquel donnaient accès trois baies séparées par deux piliers* en bois ; seul l'emplacement des bases carrées subsiste dans le sol stuqué*, ainsi que celui de la poutre de seuil. Ce hall existait déjà dans le premier état du bâtiment, et était alors fermé, à l'Ouest, par le mur de façade primitif. Il dessert à la fois la salle lustrale* souterraine I4, la plus originale de l'édifice, et, par une porte dont le seuil comporte un degré, la partie Sud

de la salle I3 dont le plancher (aujourd'hui disparu) recouvrait, à l'origine, la salle I4.

Celle-ci était en effet une salle souterraine couverte, creusée à 1,80 m
au-dessous du niveau des autres pièces du rez-de-chaussée ; on y accédait
par un escalier coudé de 7 marches (fig. 28). Elle apparaît comme une
sorte de prototype, de très grandes dimensions (3,90 × 2,75 m), des salles
lustrales * semi-enterrées que l'on trouve dans les palais ou les villas de
l'époque suivante. Les parois et le sol étaient enduits de stuc * bleu,
comme les pièces en sous-sol du Bâtiment B. La destruction partielle de
ce stuc *, sur le mur Nord, permet de voir que celui-ci était soigneusement construit en blocs taillés d'*ammouda* *, au-dessus desquels sont
conservées les cavités correspondant au logement des poutres du plafond.

L'angle Nord-Est de la pièce, de forme tourmentée, conserve telles quelles
les irrégularités du rocher naturel, simplement recouvertes de stuc * : cet
aspect pouvait évoquer les anfractuosités des grottes crétoises, parfois utilisées comme lieux de culte. Il subsiste, contre le mur Sud, des vestiges d'aménagements intérieurs (poutre en bois sur le sol et montants verticaux, table
stuquée * à cupule dans l'angle Sud-Ouest) dont la signification reste incertaine ; la découverte d'une table à offrandes en argile près de la base stuquée *
cubique située dans le hall I10 juste à gauche de la porte d'escalier laisse
supposer que se déroulaient ici aussi des cérémonies liées au culte.

Dans tout ce secteur, les traces en creux laissées dans l'argile des murs ou
sur les sols par le bois, carbonisé ou décomposé, des seuils, montants de portes
ou piliers * permettent de reconstituer avec précision le système des portes et
fermetures ; les accès du hall I10 en fournissent de bons exemples. Les murs
de ces différentes pièces, généralement construits en argile ou en briques
crues sur de simples soubassements de moellons, étaient revêtus d'enduits
colorés («stucs» *), devenus aujourd'hui presque uniformément blanchâtres ;
mais la couleur originale est encore plus ou moins visible sur certains fragments (par exemple rouge pour le hall I10, bleu pour la «salle lustrale * »).

Le hall I10 rejoint à l'Est, par le corridor dallé I9, la cour à portique *
I1.

Le portique * à sol dallé, qui occupe le côté Ouest de la cour et fait
retour le long du côté Nord, était soutenu par deux colonnes * dont subsistent les deux bases circulaires en pierre, d'un diamètre de 36 et 41 cm,
de forme légèrement différente ; les fûts, dont on a retrouvé quelques
fragments carbonisés, étaient en bois de cyprès : les trous au centre des
bases assuraient leur fixation. Dans l'axe déterminé par les deux
colonnes * s'ouvrait, à l'Ouest, une porte conduisant à la grande salle
carrée I3, qui mesure près de 6 × 6 m : c'est une des plus grandes pièces
connues pour cette époque. La partie Sud, située au-dessus de la salle
lustrale * et légèrement surélevée, semble avoir été isolée de la partie
Nord par une étroite cloison de briques dont subsistent des éléments

Fig. 28. — Vue du Bâtiment A (partie Nord).

Fig. 29. — Magasin 17 pendant la fouille.

contre les murs Est et Ouest. Au Nord, une porte étroite, avec un bourre-
let de seuil en terre, conduit à une rangée très régulière de quatre petits
magasins * carrés (I5 à I8) desservis par un corridor dallé. Tous les vases,
jarres de petites ou moyennes dimensions, amphores, cruches, ont été
retrouvés en place, encore posés sur les plates-formes latérales ou renver-
sés sur le sol (fig. 29). Les magasins * I5 et I7 étaient destinés au stockage
de liquides : des rigoles, le long des plates-formes, aboutissent à des cavités de récupération. I6, simplement pourvu de dalles sur les côtés, pouvait être plus spécialement réservé aux grains. I8 était désaffecté au
moment de la destruction et ne contenait aucun vase, mais seulement un
grand nombre de poids de tisserand ; il est possible qu'un métier à tisser y
ait été installé ; son accès primitif, par l'Ouest, avait été condamné et un
passage aménagé à l'Est au pied d'un escalier.

Les métiers à tisser minoens étaient des métiers verticaux, dont les fils de
chaîne étaient tendus au moyen de poids en terre cuite ou en pierre
(«pesons»). De très nombreux pesons ont été recueillis sur l'ensemble du Quartier Mu ; des groupes d'une trentaine, ou plus, de poids sphériques, percés
d'un trou selon leur diamètre, pesant, selon les cas, de 100 à 400 gr. environ,
correspondent sans doute à l'ensemble des poids d'un métier : c'est le cas en
I6, ainsi que dans les compartiments stuqués * du Bâtiment D (voir ci-dessus
p. 25).

Du portique * dallé I1 part vers l'étage, au Sud, un escalier monumental dont la première marche débordante est revêtue d'une longue
dalle de pierre : c'est le plus large (1,45 m) et le plus soigné des nombreux
escaliers qui desservaient les pièces des niveaux supérieurs. A l'Est des
deux colonnes *, le portique * I1 encadrait un puits * de lumière (I1a), à
sol stuqué *, qui assurait l'aération et l'éclairage intérieur du bâtiment.
L'eau de pluie qui pouvait tomber dans ce puits * de lumière était dirigée,
par un trou percé dans le mur Sud, vers le caniveau qui traverse le vestibule I11. Une petite pièce (I2) à banquettes d'angle sur deux côtés avait
été aménagée sur le côté Ouest, près de l'entrée.

Au Sud du puits * de lumière, une porte conduit vers le vestibule I11 et
la courette à portique * I1I1 (voir ci-dessous p. 42-43).

Le polythyron * et les pièces annexes (plan, fig. 30)

A l'Est du puits de lumière I1a, la grande salle I13 présente un intérêt
particulier, bien que son état de conservation soit assez médiocre : c'est
uniquement à son extrémité Ouest, donnant sur le puits * de lumière et le
portique * I1, que l'on peut voir le système de triples baies séparées par

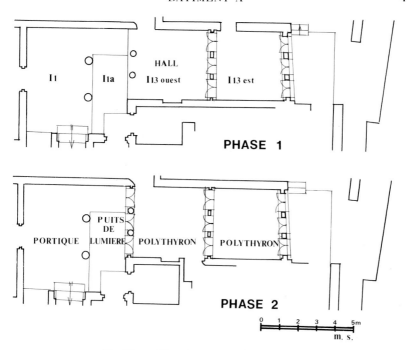

Fig. 30. — Plan du secteur du polythyron.

deux piliers* (analogue à celui du hall I10) qui en constituait l'entrée ;
cette même disposition était répétée à l'extrémité Est et au centre, divi-
sant la salle en deux parties égales. Ce plan, qui apparaît ici pour la
première fois en Crète, est celui du «polythyron*» minoen — le terme
signifie «à plusieurs portes» — qui sera reproduit sous une forme plus
développée dans les palais ou les grandes villas de l'époque suivante.

Ce polythyron*, dont les triples baies ouvrent à l'Ouest sur le portique à
colonnes, présente des traces de remaniement. Dans un premier état, le poly-
thyron*, limité à la partie Est (I13 Est), était précédé à l'Ouest d'un hall
ouvert sur le puits de lumière. Ce hall a été transformé, dans un deuxième
état, en un second polythyron*. Enfin un remaniement postérieur a abouti à
la fermeture de deux des trois baies du côté Ouest.

L'aspect monumental de cet ensemble était souligné par le décor du mur
Sud de I13 Est, sur lequel des lignes imprimées dans le revêtement stuqué*
dessinent trois panneaux rectangulaires de dimensions identiques.

Ce polythyron* était bordé, au Nord, par deux pièces de même dimen-
sion, encadrées par dèux accès à degrés reliant ce secteur à une cour

Fig. 31. — Cruches décorées du Bâtiment A (haut. 24,2 ; 17,2 ; 15,5 ; 10,8 cm).

extérieure, l'Espace Nord. Similaires en plan aux magasins* I5 et I6, elles communiquaient comme eux, dans un premier état, avec la pièce principale : la porte a été ensuite bouchée et l'accès reporté sur le côté Est ; mais ces pièces, au sol soigneusement enduit de stuc* rouge, étaient entièrement vides au moment de la découverte et rien ne permet de connaître leur usage précis. De part et d'autre de ce bloc de deux pièces, quelques marches (escaliers IB, ID) conduisaient vers l'Espace Nord, vraisemblablement utilisé pour des activités variées, domestiques ou artisanales. Un étroit trottoir en *ammouda**, bordé de dalles placées en orthostates*, longe en cet endroit la façade Nord du bâtiment.

Le secteur III

Toutes les pièces situées au Sud de la passerelle (secteur III, auquel il faut ajouter la pièce I20) résultent d'une extension de l'édifice primitif. Ce nouvel ensemble (dont on a déjà vu la partie Sud-Ouest, composée de grands magasins* : p. 34) s'est articulé au précédent par l'intermédiaire de deux espaces intérieurs, le vestibule III et la courette à portique* IIII, dont le rôle était d'assurer, selon un principe général de l'architecture minoenne, les communications entre les différentes parties de l'édifice.

L'espace de forme carrée III1, entièrement dallé, constituait vraisemblablement, dans l'état primitif, le vestibule d'entrée du Bâtiment A ; au Sud, la dalle de seuil (sous la passerelle) présente deux petites cavités circulaires qui doivent correspondre au système de fermeture, par targette verticale, d'une porte à deux vantaux. Une petite pièce allongée (II2), avec une banquette, était placée là encore à côté de la porte d'entrée.

Depuis ce vestibule, deux autres escaliers menaient à l'étage. L'un (IIA, au Nord de la passerelle), de plan coudé, a conservé ses trois premières marches conduisant à un palier carré, ainsi que quatre marches de la seconde volée qui se sont effondrées dans la cage d'escalier ; la première marche, qui déborde dans le vestibule, selon l'usage minoen, est prolongée par une banquette qui occupe tout le côté Est. Le second escalier, d'une seule volée (IIB, juste au Sud de la passerelle), s'élève au-dessus du dallage Est d'un portique* antérieur, en III1, et résulte donc clairement d'un réaménagement de cette zone, comme l'indique d'autre part la présence d'une base de colonne visible sous la tête du mur Est.

Le puits* de lumière de la courette III1, encadré sur deux côtés, à l'Est et au Sud, par un portique* dallé, était traversé en diagonale par le caniveau en pierre issu du puits* de lumière du secteur I (II a). Ce caniveau, qui longe d'abord le mur Ouest du vestibule II1, est soigneusement construit en blocs d'*ammouda** creusés et partiellement recouvert, dans l'angle Sud-Est de III1, par le dallage de la cour ; il se dirige ensuite vers un puits perdu dans l'angle Sud-Est du bâtiment (pièce III13). Comme le vestibule II1, la courette III1 permettait d'atteindre l'étage des magasins Sud-Ouest par deux nouveaux escaliers parallèles (IIIA et IIIB), dont ne subsistent plus que des vestiges du massif de départ ; elle donnait d'autre part accès à la plupart des pièces du rez-de-chaussée du secteur III.

A l'angle Sud-Est de la courette III1, une porte conduit à une nouvelle salle de grandes dimensions, entourée de banquettes (III4), sans doute lieu de réunion ou de cérémonies. On y a retrouvé plusieurs lots de tasses à boire et plusieurs coupes tripodes, ainsi qu'un vase de Chamaizi* à inscription peinte (voir fig. 20) ; juste en face de l'entrée, un placard (III2) aménagé sous un escalier contenait une abondante vaisselle.

Les pièces de la partie orientale de ce secteur (III3, I20, III11-13) présentent un aspect tout à fait différent : ce sont de vastes soubassements, à sol non nivelé, à larges murs dépourvus d'enduit et constitués non de briques ou de terre mais de moellons irréguliers ou de blocs de remploi, qui servaient en fait essentiellement de soutien aux pièces du rez-de-chaussée surélevé. On accédait à ces soubassements, depuis l'angle Sud-Est de la courette III1, par un passage dont le seuil est constitué d'une auge à double cavité d'un type fréquent à Malia. Ces réduits, dont on a aussi pensé qu'ils pouvaient servir d'abris à animaux, possédaient des ouvertures basses, sortes de soupiraux, sur une ruelle extérieure qui longe le bâtiment à l'Est (Chaussée Est).

Des blocs d'*ammouda** quadrangulaires, creusés de deux cavités (l'une généralement circulaire, l'autre de forme carrée) ont été fréquemment découverts dans les maisons minoennes de Malia : sous cette forme particulière, ils

semblent inconnus sur les autres sites crétois et constituent une spécificité
maliote. Ils sont souvent placés dans un passage, marquant l'entrée de réduits
en soubassement ou sous-sol. Plusieurs ont été découverts dans les soubassements du secteur III, à l'intérieur des compartiments comme à l'emplacement des soupiraux. Leur fonction reste obscure : on a suggéré, entre autres
hypothèses, que ces auges à double cavité pourraient avoir été des mangeoires
à animaux.

Cette Chaussée Est, bordée par un mur irrégulier le long d'une zone de
remblai, marque nettement en cet endroit la limite du bâtiment. Elle
permettait un accès direct au rez-de-chaussée surélevé par un escalier de
pierre (IIID), dont les marches ont été brisées en leur milieu lors de
l'effondrement du bâtiment. De très nombreux objets, vases et fragments
de céramique fine (fig. 31), sceaux et empreintes de sceaux, tablettes et

Fig. 32. — Médaillons hiéroglyphiques (diam. 3-3,6 cm).

Fig. 33. — Tablette de comptabilité (long. 4,2 cm).

«médaillons» (sortes d'étiquettes) hiéroglyphiques *, tombés dans les soubassements au moment de la destruction, indiquent la présence, à ce niveau, de réserves et de bureaux administratifs. Un lot de 12 «médaillons» inscrits (fig. 32) a été recueilli dans le compartiment III3; des tablettes comptables (fig. 33) découvertes dans les pièces III5 et III13 peuvent permettre de supposer qu'il y avait là des bureaux d'archives *. Du rez-de-chaussée surélevé on pouvait, par l'escalier IIIC, rejoindre au niveau inférieur la pièce à colonne III14 et ses annexes (III5, III18), dont la fonction exacte reste indéterminée.

Scribes et fonctionnaires

L'écriture utilisée à Malia à l'époque des premiers palais était l'écriture hiéroglyphique * crétoise (sans rapport avec les hiéroglyphes égyptiens). Cette écriture n'est pas déchiffrée : le nombre total des documents connus en Crète est trop faible (270, très courts) pour permettre un déchiffrement interne, et aucun document bilingue n'a été découvert. On sait seulement qu'il s'agit d'une écriture syllabique (un signe représentant une syllabe) ; seuls les chiffres, utilisant un système décimal, peuvent être «lus». Une autre écriture de même type, mais utilisant des signes différents, existe aussi ailleurs en Crète (notamment à Phaistos) en cette même période et deviendra l'écriture de l'époque des seconds palais : le linéaire A * ; non déchiffrée elle non plus, elle ne sera attestée à Malia qu'à l'époque des seconds palais.

Les documents hiéroglyphiques découverts dans les Bâtiments A et B du Quartier Mu ont fourni à eux seuls le quart environ des textes connus en hiéroglyphique * crétois. A l'exception de quelques inscriptions sur des sceaux ou sur des vases, ce sont des documents administratifs sur argile de formes diverses : tablettes, «médaillons», «cônes». Les signes étaient inscrits avec des stylets pointus sur l'argile fraîche, qu'on laissait simplement sécher : ces documents, fragiles, n'étaient pas destinés à être conservés pendant une longue période et la plupart d'entre eux ont disparu. Seuls ceux qui ont été cuits accidentellement dans un incendie, notamment lors de la destruction des édifices, ont pu être retrouvés dans les fouilles. S'il est possible que d'autres documents aient été rédigés sur d'autres supports (feuilles de palmier, parchemin), aucun exemple n'en a été préservé.

Ces documents permettent de suivre le travail des scribes et des fonctionnaires dans les magasins * et les bureaux d'archives *. Sur place, dans les magasins * de distribution, les scribes enregistraient

Fig. 34. — Scellés divers (haut. 1,9-3,8 cm).

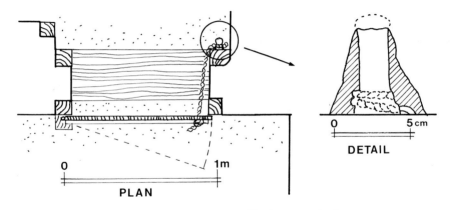

DETAIL

PLAN

Fig. 35. — Scellé de porte (dessin reconstitué).

Fig. 36. — Boules d'argile avec empreintes de sceaux (diam. 1,4-1,7 cm).

entrées et sorties sur des lames d'argile ou des étiquettes ; ces pièces pouvaient ensuite faire l'objet d'un inventaire récapitulatif dans des bureaux d'archives * ; deux tablettes du Bâtiment A, qui portent des chiffres élevés (7000 dans un cas, 270 et 890 dans l'autre) font vraisemblablement partie de ces documents d'archives * comptables.

Les magasins * et les jarres ou coffres qu'ils contenaient faisaient d'autre part l'objet d'une surveillance rigoureuse dont témoigne une autre catégorie de documents, les scellés. Ce sont là encore des morceaux d'argile crue qui étaient apposés soit sur les couvercles de jarres, soit sur les liens (ficelles ou lanières de cuir) enroulés autour de chevilles de bois qui assuraient la fermeture des portes. Les fonctionnaires responsables des magasins * et des denrées apposaient leur sceau sur ces morceaux d'argile (fig. 34-35) ; les scellés, brisés à l'ouverture des portes, étaient reposés après chaque opération, parfois sans doute plusieurs fois par jour ; les fragments brisés étaient soigneusement conservés en archives * comme preuve des opérations effectuées : le dépôt d'empreintes de sceaux trouvé dans le premier palais de Phaistos est constitué de fragments de ce type. Ce système de scellés a été largement utilisé à cette époque dans une vaste zone géographique allant de la vallée de l'Indus au Soudan et à l'Égypte ; il est attesté aussi en Grèce vers la fin du IIIe millénaire (à Lerne en Argolide).

Des boules d'argile sans trace de liens, portant elles aussi une empreinte de sceau, ont été retrouvées avec les différents scellés (fig. 36) : elles pouvaient constituer des attestations remises par les travailleurs journaliers pour le paiement de leur travail.

La Chaussée Est se prolongeait vers le Nord (au Nord de la passerelle) et bordait en cet endroit un quartier de communs (I14 à I19, I13), ensemble de pièces et de réduits reliés au polythyron * I13. Plusieurs montrent des traces de réfections ; de grandes dalles recouvrent le sol stuqué * de I14. Les compartiments I15 et I19, où l'on peut voir encore des auges en place sur le sol, étaient vraisemblablement une cuisine ; un caniveau part de l'angle Sud-Est de I19 vers la chaussée extérieure et aboutit dans le soubassement I20. La plus grande pièce, I16 (partiellement sous la passerelle), était un magasin * dont toutes les jarres ont ici aussi été retrouvées en place le long des parois.

LE BÂTIMENT E

En quittant la passerelle, on longe, à l'Est de la Chaussée Est, le côté Sud du Bâtiment E. La partie Ouest de cet ensemble (pièces XII1 à XII6) formait sans doute une annexe du Bâtiment A, auquel elle était reliée par la Chaussée Est et la Courette Est. Elle est composée d'une série de grandes pièces rectangulaires, dont le plan évoque celui de magasins *, mais qui étaient entièrement vides au rez-de-chaussée ; l'existence de magasins * à l'étage est cependant bien attestée par les nombreuses jarres et l'ensemble du matériel (une série de grandes coupes à pied haut en argile et de nombreux vases de pierre) tombé au moment de la destruction finale ; les dalles de pierre encore visibles en XII3 proviennent elles aussi du niveau supérieur, que l'on atteignait par l'escalier XIIA partant du vestibule XII1.

Au-delà des arches du toit, faisant suite au Bâtiment E, s'étendaient d'autres maisons d'habitation de la période protopalatiale *, dont une seule (Bâtiment F) a été fouillée (en 1991).

CONCLUSION

L'originalité de Malia au temps des premiers palais

La découverte du Quartier Mu a mis en évidence l'un des traits les plus originaux du site de Malia au temps des premiers palais : l'existence, à côté du Palais, de grands ensembles architecturaux qui remplissaient des fonctions spécifiques. Les Bâtiments A et B du Quartier Mu dépassent de loin la taille des maisons privées ordinaires. Leurs fonctions sont complexes et se rapprochent de celles du Palais : on y reconnaît des salles religieuses, des pièces d'apparat, des bureaux administratifs, des magasins * de stockage ; des ateliers sont regroupés aux environs immédiats dans une sorte de zone artisanale. En l'absence de textes déchiffrables, il est difficile de préciser quels étaient les personnages, officiels ou hauts fonctionnaires, qui dirigeaient ces bâtiments, et quelles relations ils entretenaient avec le Palais. Mais ils révèlent en tout cas une organisation urbaine complexe qui n'est pas uniquement centrée sur le Palais.

En dehors du Quartier Mu, d'autres grands ensembles de la période des premiers palais ont été découverts sur le site. La Villa Alpha, située au Nord de la ville, près de la zone des nécropoles, a été remblayée après les fouilles. Restent visibles aujourd'hui, en dehors de quelques vestiges du premier palais et des Magasins Dessenne, ceux de la Crypte Hypostyle.

Le premier palais

Le premier palais, détruit vers 1700 et recouvert par les états postérieurs (les vestiges actuels sont ceux du second palais détruit vers 1450),

Fig. 37. — Vue aérienne de la Crypte Hypostyle.

n'est que très partiellement connu. Des sondages récents ont permis d'en préciser quelques aspects. Une cour centrale existait déjà, et de grandes salles monumentales, à sol et plates-formes stuquées *, pourvues de rigoles et de vases collecteurs *, ont été reconnues dans la partie Ouest, sous les pièces III1 et III2 ; c'est de là que proviennent deux épées de bronze, et en particulier l'épée dite «à l'acrobate» conservée au Musée d'Héraklion : le corps d'un acrobate exécuté au repoussé orne la rondelle d'or qui décorait son pommeau d'ivoire. On y a trouvé aussi un ensemble de petits vases à col strié (vases de Chamaizi *), dont l'un porte une inscription en caractères hiéroglyphiques * analogue à celle du Quartier Mu (voir ci-dessus p. 29).

À ce même niveau protopalatial * appartient un ensemble de murs visibles dans le secteur Nord-Ouest du palais, où l'on peut distinguer le plan de magasins * desservis par un couloir, d'une cour stuquée * bordée d'un portique *. Le grand pithos * à décor cordé qui est placé près de l'entrée Nord du Palais provient de ce premier édifice palatial.

Les Magasins Dessenne. Un ensemble de grands magasins * à pithoi *, découverts en 1960 par A. Dessenne à quelques mètres de l'angle Sud-Ouest du Palais et actuellement remblayés, sont contemporains du premier palais.

La Crypte Hypostyle et l'Agora

La Crypte Hypostyle, constituée d'une suite de pièces souterraines dont les poutres étaient soutenues, en deux endroits, par une colonne, a été découverte en 1960 (fig. 37). Elle a fourni le premier exemple, pour Malia mais aussi pour la Crète, de salles aménagées en complet sous-sol, à environ 2 m au-dessous de la surface actuelle. On accédait à la Crypte, à son extrémité Ouest, par un escalier coudé de 12 marches ; un second escalier, plus étroit, situé juste au Nord du précédent, devait donner accès aux pièces du niveau supérieur. Ils aboutissaient l'un et l'autre dans une première salle pourvue sur trois côtés d'une banquette basse ; la trace d'un fût de colonne est conservée dans l'enduit de sol, dans le prolongement du mur qui sépare les deux escaliers.

La dernière salle de la Crypte, pourvue également d'une triple banquette, communiquait par un petit escalier de 4 marches avec une série de 5 grands magasins * en demi sous-sol qui formaient une annexe de la Crypte. Disposés en enfilade, ils présentent le système habituel de rigoles et de vases collecteurs.

A quelques mètres au Nord des magasins *, on atteint la porte Sud-Ouest d'une vaste cour rectangulaire («*Agora*»), dont l'aménagement remonte à l'époque des premiers palais. Cette cour, d'orientation générale Est-Ouest, mesure environ 40 × 30 m : c'est la plus grande place connue dans la Crète minoenne. D'aspect monumental, elle était fermée sur ses quatre côtés par d'épais massifs de pierre qui peuvent avoir supporté des gradins : elle aurait ainsi servi de lieu d'assemblée pour des cérémonies faisant appel à un large public ; la base de ces massifs était plaquée de grands orthostates * de calcaire blanc. Une large entrée dallée, dans l'angle Sud-Est, communiquait avec une rue mal conservée qui prolongeait la Chaussée Nord du Palais ; au Nord-Est, une troisième porte mettait cette place en relation avec d'autres voies de la ville.

Les salles de la Crypte Hypostyle ont été interprétées par le fouilleur, H. van Effenterre, comme des salles de réunion à fonction politique, à proximité de l'Agora qui aurait été une place d'assemblée populaire. D'autres archéologues, comme N. Platon, ont estimé qu'il fallait plutôt les mettre en relation avec des cérémonies ou des fêtes tenues sur cette même Agora.

Deux autres traits contribuent à donner son originalité à la ville de Malia pendant l'époque des premiers palais : l'existence de sanctuaires urbains indépendants et la variété des nécropoles du bord de mer.

Fig. 38. — L'entrée du Sanctuaire aux Cornes.

Les sanctuaires

Deux constructions, l'une appartenant exactement à la même période que le Quartier Mu (le Sanctuaire MM II), l'autre de datation moins assurée mais remontant aussi vraisemblablement à cette époque (le Sanctuaire aux Cornes), sont les plus anciens exemples de sanctuaires indépendants de la civilisation minoenne. Le Sanctuaire MM II a dû être remblayé pour des raisons de préservation. Seuls restent visibles les vestiges du Sanctuaire aux Cornes. Enfin, au sommet de la colline de Saint-Élie, au Sud du site, un petit sanctuaire de sommet occupait probablement l'emplacement de la chapelle actuelle.

Le Sanctuaire aux Cornes

A une centaine de mètres à l'Ouest de la Maison Epsilon, on peut atteindre en suivant le tracé d'un ancien chemin les vestiges protégés par une clôture du Sanctuaire aux Cornes, découvert en 1956 et partiellement fouillé. Ce sanctuaire doit son nom aux rangées de cornes de consécration * stuquées * qui ornent, près de l'entrée Est, des balustrades faites de minces dalles dressées (fig. 38). L'ensemble était aménagé en léger sous-sol, à la manière des salles lustrales*; on y accédait, à l'Est et à l'Ouest, par des escaliers de quelques marches. L'escalier Est desservait d'abord un vestibule (incomplètement fouillé) à banquettes d'angle, puis conduisait à une grande salle rectangulaire. Dans l'angle Nord-Est, le compartiment principal, dont les cornes de consécration* marquent l'entrée, était divisé en trois parties par deux épis disposés en chicane. Un fragment de fresque provenant de ce sanctuaire appartient à une réfection de l'époque suivante.

Le Sanctuaire MM II

Découvert en 1965, à l'occasion de la construction du Musée Stratigraphique, ce sanctuaire indépendant présente un plan analogue à celui du sanctuaire du Quartier Mu (voir ci-dessus p. 33). On accédait, depuis une chaussée dallée, à un vestibule qui conduisait, à l'Ouest à une pièce-magasin*, à l'Est au sanctuaire proprement dit. Un foyer rectangulaire en argile à cupule décentrée occupait le centre de la pièce; dans un angle, des vases étaient disposés sur une plate-forme à degrés, et, près de l'entrée, une jarre enfoncée dans le sol devait être utilisée pour des libations*. De petites tables à offrandes circulaires et une imitation en argile d'un coquillage (triton*) constituaient le matériel de ce sanctuaire.

Le sanctuaire de sommet du Saint-Élie

Le troisième sanctuaire attribuable à la période protopalatiale* fait partie de la catégorie des sanctuaires de sommet, bien représentés en Crète de l'Est, et caractérisés essentiellement, pendant cette période, par des découvertes de figurines. Des sondages effectués en 1928 ont dégagé près du sommet de la colline du Prophète Élie des murs de terrasse, des vestiges d'une pièce bordée de banquettes, des fragments de jarres; une figurine en argile de scarabée, d'un type connu sur d'autres sanctuaires de sommet, y a été retrouvée.

Les nécropoles : de Chrysolakkos à l'îlot du Christ

Les tombes de l'époque des premiers palais étaient toutes situées près du bord de mer, en dehors de la ville. Elles présentent une variété plus grande que sur aucun autre site crétois : ensemble monumental de Chrysolakkos, ossuaires dispersés dans les rochers du rivage, tombes à inhumation de types divers.

Du Quartier Mu, on peut se rendre, en quelques minutes, à l'enclos funéraire de Chrysolakkos, en suivant, vers le Nord, un chemin de terre.

Fig. 39. — Pendentif en or aux abeilles (larg. 5 cm).

L'ensemble funéraire de *Chrysolakkos* — «la fosse pleine d'or» — a été pillé à la fin du siècle dernier ; seuls quelques bijoux, et en particulier le célèbre pendentif aux abeilles (Musée d'Héraklion) (fig. 39), ont pu être retrouvés au cours des fouilles menées par l'École Française en 1930-1933. Il se présente sous la forme d'un grand quadrilatère dont les façades sont constituées, au Nord et à l'Ouest, de très grands blocs de calcaire bleuté (*sidéropétra**) soigneusement taillés et, à l'Est et au Sud, de dalles dressées (orthostates*). Des trous ronds, visibles sur plusieurs de ces blocs, indiquent qu'il s'agit d'éléments de remploi provenant d'une première construction. Des espaces dallés, mal conservés, entouraient le monument ; à l'Est subsiste un alignement de sept bases rectangulaires de piliers* appartenant à un portique*. A l'intérieur du quadrilatère (où une partie des murs visibles appartient à des maisons d'époque antérieure), on peut voir, protégé par un abri, un cylindre stuqué* à contour denticulé, qui semble avoir été un autel creux en relation avec le culte funéraire.

La zone des nécropoles de l'époque protopalatiale* s'étendait en bord de mer à l'Ouest de Chrysolakkos. Deux des «*charniers*» découverts, larges anfractuosités qui s'ouvrent parmi les rochers et servaient d'ossuaires, datent de l'époque des premiers palais ; de nombreux ossements et quelques vases y ont été recueillis. Des tombes à inhumation occupaient la *nécropole* dite *des Pierres Meulières*, aujourd'hui remblayée.

A près de 2 km du site minoen, au centre de la baie de Malia (en face de la plage de la localité moderne), l'*îlot du Christ* (sans doute rattaché au rivage à l'époque minoenne) était l'emplacement d'une autre nécropole, qui devait correspondre à un habitat séparé dans la plaine. On y a retrouvé plusieurs inhumations dans des jarres funéraires, caractéristiques de cette période.

LEXIQUE

ammouda	grès dunaire («pierre de sable»), dont les carrières sont encore visibles en bord de mer, à l'Ouest de la plage. Pierre tendre, facile à découper en blocs réguliers, de couleur ocre.
archives	dépôt de documents inscrits ou de scellés sur argile relatifs à des opérations administratives et intentionnellement conservés.
chaînage	armature de pièces de bois horizontales et/ou verticales, destinée à assurer la cohésion des murs de briques ou d'argile.
Chamaizi	site de Crète de l'Est. On a donné le nom de «vases de Chamaizi» à de petits vases à parfum, à col strié d'incisions, fabriqués à Malia et dont des exemplaires ont été découverts notamment à Chamaizi.
colonne	support architectonique de plan circulaire, fait de bois et plus large au sommet qu'à la base dans l'architecture minoenne.
cornes de consécration	symbole religieux, fréquemment associé aux édifices cultuels.
crapaudine	cavité, généralement aménagée dans un seuil, où vient se loger le pivot d'une porte.
décrochement	rupture verticale dans l'alignement d'une façade.
granulation	procédé d'orfèvrerie consistant à fixer de minuscules grains d'or sur une surface de métal.
hiéroglyphique	système d'écriture syllabique minoen (sans rapport direct avec l'écriture hiéroglyphique égyptienne); utilisé à l'époque des premiers palais, il reste indéchiffré.
hypostyle	(salle) dont le plafond est porté par des colonnes * ou piliers *.
jambage	montant latéral d'une porte ou d'une fenêtre.
kalderim	mot turc désignant un pavage irrégulier.

libation	offrande rituelle d'un liquide contenu dans un vase que l'on verse sur le sol ou dans un autre vase.
linéaire A	système d'écriture syllabique employé à l'époque des premiers et des seconds palais; il reste indéchiffré.
lustrale (salle)	pièce, généralement partiellement enterrée dans l'architecture minoenne, destinée à des cérémonies rituelles de purification.
magasins	salles destinées au stockage des denrées, liquides ou solides; parfois aussi au dépôt d'objets précieux.
mosaïko	revêtement de sol fait de dalles de forme irrégulière dont les interstices sont remplis de stuc* coloré.
obsidienne	pierre volcanique vitreuse, de couleur gris-noir (abondante dans l'île de Milo), importée en Crète pour être débitée en lames et lamelles tranchantes.
orthostates	blocs ou dalles de pierre disposés de chant à l'assise inférieure d'un mur.
pierre à cupules	bloc travaillé présentant sur sa face supérieure de petites cavités généralement disposées en cercle.
pilier	support architectonique de plan quadrangulaire, généralement en bois à l'époque des premiers palais.
pithos	vase, souvent de grande dimension, à plusieurs rangées d'anses, destiné au stockage des grains ou des liquides dans les magasins*.
polythyron	terme grec («à plusieurs portes») désignant dans l'architecture minoenne des pièces d'apparat à baies multiples séparées par des piliers*, généralement associées à des portiques* et des puits* de lumière.
porche	auvent à toiture supportée par deux colonnes*.
portique	galerie couverte, à toiture supportée par une rangée de colonnes* ou de piliers*.
protopalatial	relatif à l'époque des premiers palais (2000-1700 av. J.-C.).
puits de lumière	espace intérieur ouvert, souvent bordé par un portique*, destiné à assurer l'éclairage et la ventilation dans les constructions minoennes.
redan	avancée d'une façade entre deux décrochements*.

sidéropétra   calcaire très dur («pierre de fer»), de couleur bleuâtre ou grise, employé en moellons pour la construction des murs. Beaucoup plus difficile à travailler que l'*ammouda* *, elle n'est qu'exceptionnellement équarrie et taillée en blocs réguliers.

stuc   enduit de chaux, d'épaisseur et de consistance variables, utilisé pour recouvrir les sols et les murs et dissimuler les irrégularités de leur surface ; il pouvait être peint de diverses couleurs (blanc ivoire, ocre jaune, bleu, rouge). On assimilera à un stuc grossier le revêtement du sol des cours, parfois appelé *terrazza*, fait de chaux mélangée à du gravier fin.

triton   coquillage marin, souvent trouvé en Crète dans des contextes cultuels (où il pouvait servir de trompette ou de vase à libations*) ; parfois imité en argile ou en pierre.

vase collecteur   vase enfoncé dans le sol d'un magasin *, où se concentraient les liquides répandus aux alentours.

POUR EN SAVOIR PLUS

Dans les publications de l'École Française d'Athènes, une série (*Études Crétoises*) est consacrée principalement aux fouilles de Malia ; on pourra consulter en particulier :

— pour le Quartier Mu :

Études Crétoises XXIII. *Le Quartier Mu* I (1978) par J.-Cl. Poursat, J.-P. Olivier et L. Godart.
Études Crétoises XXVI. *Le Quartier Mu* II (1980) par B. Detournay, J.-Cl. Poursat et F. Vandenabeele.

— pour le Palais :
Études Crétoises XXV. *Le Palais* V 1-2 (1980) par O. Pelon.

— pour la Crypte Hypostyle :
Études Crétoises XVIII. *La Crypte hypostyle* (1970) par M.-Cl. Amouretti.

— pour la nécropole de Chrysolakkos :
Études Crétoises VII. *Nécropoles* I (1945) par P. Demargne.

Les résultats des fouilles sont présentés après chaque campagne dans des rapports préliminaires publiés dans le *Bulletin de Correspondance Hellénique* (*Travaux de l'École Française en Grèce*). Dans la même revue ont été publiés de nombreux articles concernant Malia.

Autres guides de l'École Française d'Athènes :
— O. Pelon, *Guide de Malia. Le Palais* (1992).
— Cl. Tiré et H. van Effenterre, *Guide des fouilles françaises en Crète* (2ᵉ édition, 1978).

Ouvrage général sur l'ensemble du site :
— H. van Effenterre, *Le Palais de Mallia et la cité minoenne* (1980).

TABLE DES ILLUSTRATIONS

Provenance des illustrations

Plans : Martin Schmid
Dessins de Nikos Sigalas (fig. 4, 9, 35) et Irô Athanassiadi (fig. 11)
Aquarelle de Irô Athanassiadi (fig. 8)
Photographies : École Polytechnique d'Athènes (frontispice, fig. 37), EFA-Emile Séraf (fig. 3, 10, 16-23, 25-27, 31-32, 34, 36, dos de couvert.), EFA-Ph. Collet (couverture, 7, 39), EFA-G. Xylouris (fig. 14-15), EFA-M. Schmid (fig. 1, 28), EFA-A. Dessenne (fig. 12, 38), EFA-J.-Cl. Poursat (fig. 29).

TABLE DES MATIÈRES

IMP. A. BONTEMPS, 87350 PANAZOL (FRANCE). — Dépôt légal : Février 1993. — Nº IMP. : 22506-92

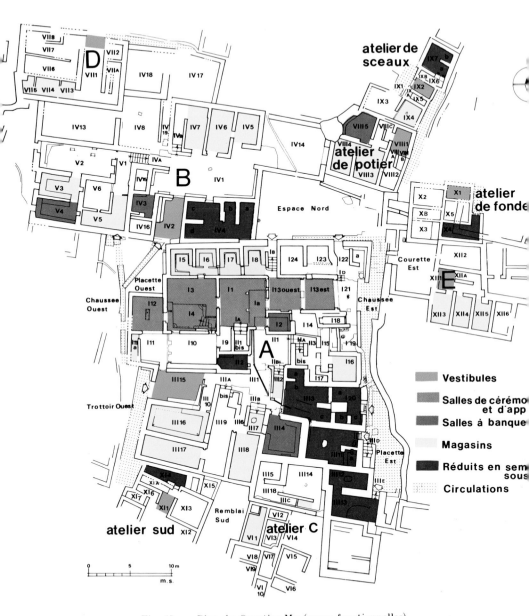

Fig. 40. — Plan du Quartier Mu (zones fonctionnelles).